AF498955

Vente des Vendredi 21 et Samedi 22 Mars 1890.

ANTIQUITÉS

ÉGYPTIENNES, PHÉNICIENNES, GRECQUES ET ROMAINES

TERRES CUITES

DE TANAGRA

MARBRES, BRONZES, INSCRIPTIONS GRECQUES

Mille pièces de VERRERIE et de POTERIE, trouvées dans l'île de Chypre

MÉDAILLES ANTIQUES

Prix du Catalogue orné de 6 planches : 5 fr.

EXPOSITION : Le Jeudi 20 Mars 1890.

Strasbourg, typ. G. Fischbach. — 937.

ANTIQUITÉS

ÉGYPTIENNES, PHÉNICIENNES, GRECQUES ET ROMAINES

TERRES CUITES

DE TANAGRA

MARBRES, BRONZES, INSCRIPTIONS GRECQUES

Mille pièces de VERRERIE et de POTERIE, trouvées dans l'île de Chypre

MÉDAILLES ANTIQUES

VENTE AUX ENCHÈRES PUBLIQUES

A l'Hôtel des Commissaires-Priseurs, rue Drouot, n° 9

SALLE N° 6

Les Vendredi 21 et Samedi 22 Mars 1890

A DEUX HEURES PRÉCISES

Me MAURICE DELESTRE	M. H. HOFFMANN
COMMISSAIRE-PRISEUR	EXPERT
27, rue Drouot, 27.	11, rue Benouville, 11.

EXPOSITION

LE JEUDI 20 MARS DE DEUX HEURES A CINQ HEURES

PARIS, 1890

CONDITIONS DE LA VENTE

La vente sera faite au comptant.

Les acquéreurs paieront CINQ POUR CENT en sus des enchères, applicables aux frais.

Les lots pourront être réunis ou divisés au gré de l'Expert.

ANTIQUITÉS

I

ANTIQUITÉS ÉGYPTIENNES

BRONZES

1 L'épervier sacré. — H 76 mill.

2 La déesse Bast, à tête de chatte. Elle est vêtue d'une tunique et tient une égide. — H 97 mill.

3 Anubis, à tête de chacal, vêtu d'un pagne, la main g. et la jambe g. portées en avant. — H 134 mill.

4 La déesse Sekhet, à tête de lionne, coiffée d'un disque et d'un uræus. Tunique collante, les bras pendant le long du corps. — H 14 cent.

5 La déesse Neit, coiffée de la couronne du nord. Costume et attitude de la figurine précédente. — H 12 cent.

6 Roi dans l'attitude de la marche. Il porte le klaft, l'uræus au milieu du front, et un tablier autour des reins. Bras pendant le long du corps. — H 115 mill.

7 Roi agenouillé, en prière. Il est coiffé de la couronne du nord (l'uræus au dessus du front), vêtu d'un pagne, et tient dans chaque main un aryballe. — H 135 mill.

8 Situle ornée de trois frises, dont les figurines (en taille d'épargne) représentent une suite de divinités et de cynocéphales. — H 13 cent.

9 Poisson sacré ; bronze grec trouvé en Égypte. — L 95 millimètres.

10 Isis assise et tenant sur ses genoux l'enfant Horus. — H 20 cent.

11 Épervier sacré, coiffé du pschent. La base oblongue sur laquelle il est assis renferme un épervier momifié. — H totale, 14 cent. Long. 19 cent.

MATIÈRES DIVERSES

12 Figurines funéraires (*ushapti*) en terre émaillée bleue et verte, avec des légendes hiéroglyphiques imprimées et peintes. — 52 pièces.

13 L'amulette *tat* (autel) en terre émaillée bleue.

14 Un carton contenant 156 amulettes en pâtes vitreuses de couleurs variées, souvent polychromes, en pierre dure, en ivoire etc., représentant des figurines de dieux, des animaux sacrés, des masques, des symboles etc.

15 Une collection de 200 scarabées.

16 Cinq pierres dures, dont une amulette (main dr. fermée) en matière rouge.

17 Cinq petits vases en pâte de verre.

18 Six petits masques phéniciens, la plupart en verre multicolore.

19 Sept amulettes en verre jaune, bleu etc. L'une représente l'aigle de Jupiter devant Ganymède assis.

20 Vingt amulettes en terre émaillée.

21 Huit pièces de verroterie, dont une boucle en pâte multicolore.

22 Pendeloques en verre, etc.

23 Bracelet formé de jolies perles antiques en verre multicolore; monture moderne en argent doré.

II

ENVOI DE CHYPRE

POTERIE D'ANCIEN STYLE

24 Aiguière en terre pâle. Sur l'épaule, une figurine tenant l'anse d'une petite œnochoé qui sert de goulot latéral. Traces d'un décor linéaire peint en rouge. Anse à double tige, munie d'un anneau en bronze. — H 32 cent.

25 Même forme. Une femme drapée et voilée est assise sur l'épaule du vase et tient l'œnochoé qui fait office de gargoulette. Feuilles et rinceaux peints en rouge. — H 33 cent.

26 Autre exemplaire, en terre rouge, avec traces de peinture bleue et noire. — H 39 cent. — Quelques lésions.

27 Grand guttus décoré d'une tête de taureau en relief. Terre rouge, cercles peints en noir. — H 25 cent.

28 Même forme et même décor. Terre pâle. — H 31 cent.

29 Amphorisque en terre blanche, à décor noir et rouge. Sur le devant, un arbuste ; au revers, une

branche feuillue et deux feuilles de lierre à longues tiges, entre deux treillis. — H 19 cent.

30 Œnochoé à panse pomiforme. Décor peint en noir: trois oiseaux aquatiques, et sur le goulot deux yeux. — Terre blanche. — H 11 cent.

31 Lécythe pomiforme. Deux cygnes affrontés et trois arbustes. Dessous, cinq bandeaux à décor géométral. — Peinture noire et rouge sur terre blanche. Goulot brisé. — H 17 cent.

32 Quatre fragments d'un vase peint de très ancien style. — Tête d'Hathor, de face sur une base, le diadème orné de trois rosaces. A g., un homme drapé conduisant un faon; à dr., deux autres adorateurs, dont l'un porte une longue gaule. — Terre blanche, peinture noire et rouge, détails gravés.

33 Amphore ornée d'un treillis peint. — Rouge et blanc sur terre blanche, les couleurs très fraîches. — H 22 cent.

34 Lécythe pomiforme à long goulot. Bandes verticales quadrillées. — Noir sur terre blanche. — H 14 c.

35 Clochette surmontée du buste d'un homme barbu. — Noir et rouge sur terre blanche. — H 105 mill.

36 Petit lécythe piriforme. Trois quadrupèdes courant l'un derrière l'autre. Bandeaux noirs sur terre blanche. — H 68 mill.

37 Trois plateaux décorés de cercles et de dentelures. — Noir sur fond rouge.

38 Un lot d'environ 200 vases, la plupart d'ancien style.

POTERIE GRÉCO-ROMAINE

39 Plateau (*pelvis*) en terre rouge, portant sur son rebord deux poinçons au nom du fabricant. — D 37 cent.

40 Fragment d'un rebord de *pelvis* et anse d'amphore grecque, avec noms de potiers.

TERRES CUITES

41 Grand masque de Silène, couronné de lierre, la barbe arrondie, les yeux à jour. Ancien style. Terre pâle. — H 177 mill.

42 Dix-sept masques et têtes, la plupart de style très ancien, avec peinture et pastillages.

43 Treize cavaliers de style primitif; décor peint en noir et en rouge.

44 Vingt-trois figurines, presque toutes de style archaïque; sujets variés.

45 Groupe représentant la lutte entre Thétis et Pélée. Facture primitive. — H 11 cent.

46 Mulet chargé de paniers. — Deux porcs. — Un taureau. — Un coq. — Une colombe.

47 Pied votif, chaussé d'une sandale. — L 34 cent.

48 Grains de collier, pareils à ceux qui ont été trouvés dans les fouilles de Troie.

VERRERIE

49 Environ 400 verres antiques de formes variées : coupes, verres à boire, flacons à huile ou à onguents, etc.

BRONZES

50 Neuf miroirs, dont un de forme rectangulaire.

51 Figurine de taureau, de style extrêmement ancien.

52 Une paire de krotales, *très rare.*

53 Un fragment de garniture de meuble.

54 Une coupe, une pelle, une hachette et un couronnement de candélabre.

55 Un lot de monnaies de cuivre.

OBJETS EN PIERRE

56 Une collection très intéressante de haches préhistoriques.

57 Neuf balsamaires en albâtre.

58 Petite amphore à base pointue, en albâtre.

59 Statuette de Diane chasseresse, vêtue d'une tunique succincte et chaussée d'endromides. Son bras dr., paré d'un bracelet, s'appuie sur la hanche. La tête manque. — Calcaire. — H 51 cent.

60 Trois figurines en calcaire : deux coqs et un enfant assis (tête brisée), tenant un petit porc.

61 Tête diadémée de Junon, en marbre blanc, les cheveux ondulés sur le front. Sculpture grecque de beau style. — H 17 cent.

62 Tête de femme, coiffée d'une bandelette. — Marbre blanc, basse époque.

63 Deux vases à panse surbaissée et à large rebord, l'un en basalte, l'autre en brèche.

Pl. I.

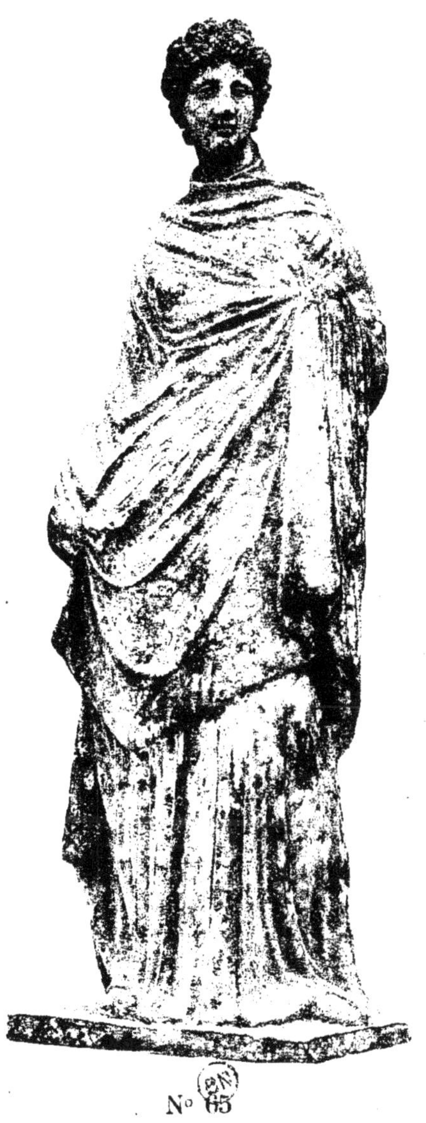

N° 65

Phototypie Larger.

III

FIGURINES DE TANAGRA

EN TERRE CUITE

64 Jeune fille debout et de face, la tête un peu inclinée et tournée vers la dr. du spectateur. Elle est vêtue d'un chiton talaire et d'un manteau rose, à bordure bleue, qui s'arrête aux genoux. Ses cheveux frisés en *korymbion* sont en partie cachés sous un foulard, ses oreilles sont chargées de bijoux, ses pieds chaussés de souliers pointus, à semelles rouges. — Beau style et modelé très fin. — Coloration usuelle, base plate. — H 18 cent.

65 Jeune femme, drapée dans un chiton rose et un manteau à large bordure grise. Elle est debout, fléchissant la jambe g. Ses mains se dissimulent sous le manteau, sa tête se tourne légèrement de côté; ses cheveux, divisés en huit bandeaux parallèles, sont noués en korymbe sur le sommet de la tête et retombent en chignon sur la nuque. — Beau style. — Coloration usuelle, base plate. — H 24 cent.

Voir la phototypie, pl. I.

66 Jeune fille diadémée (peut-être *Proserpine à Enna*), agenouillée à dr., le bras dr. levé, la main g. posée sur un panier plein de fleurs. Sa tête, aux longs cheveux épars, se tourne de face; la spallière de son chiton glisse le long du bras g.; son manteau ne recouvre qu'une partie des jambes et se replie sur l'épaule droite. Le bord du diadème est orné de perles. C'est la première fois qu'on rencontre ce sujet parmi les terres cuites de Tanagra. — Coloration usuelle, très fine. Base plate. — H 186 mill.

Voir la phototypie, pl. II.

67 Jeune fille debout, appuyée sur une colonnette funéraire et tenant une pomme à sa main g. Son manteau, d'une étoffe rose tendre, est bordé de gris; sa tête, qui se tourne vers la g. du spectateur, est coiffée d'un foulard; ses oreilles sont parées de bijoux. A ses pieds, une colombe battant des ailes. — Beau style. — Coloration très fraîche; la colonnette est peinte en gris. Base plate. — H 24 cent.

Voir la phototypie, pl. III.

68 *Erato*, la Muse de la poésie lyrique, assise de face sur un rocher et tenant à son bras dr. une lyre dorée, à quatre cordes. Elle est couronnée de feuilles et de fruits, parée de boucles d'oreilles et d'une armille formée de trois anneaux. Son chiton laisse le sein dr. à découvert, ses jambes se

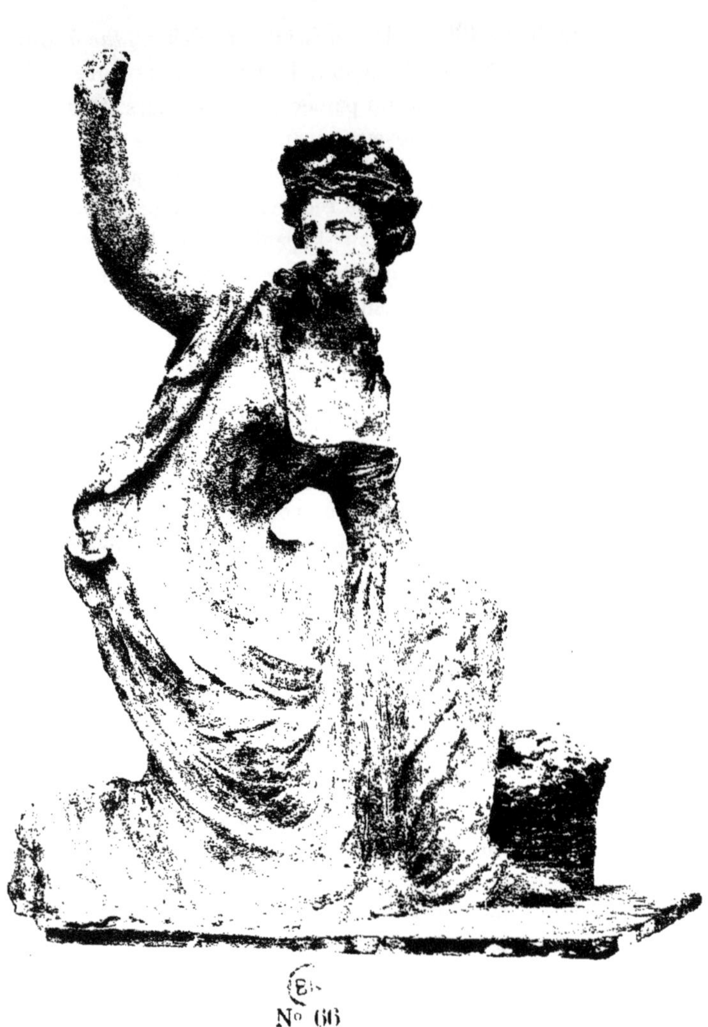

N° 66

Phototypie Larger.

Pl. III.

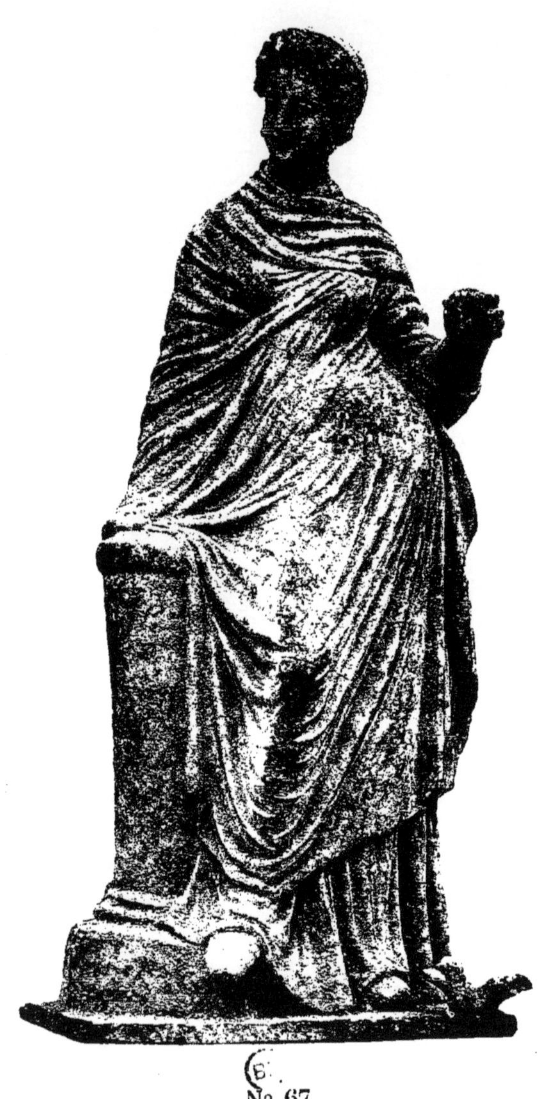

No 67

Phototypie Larger.

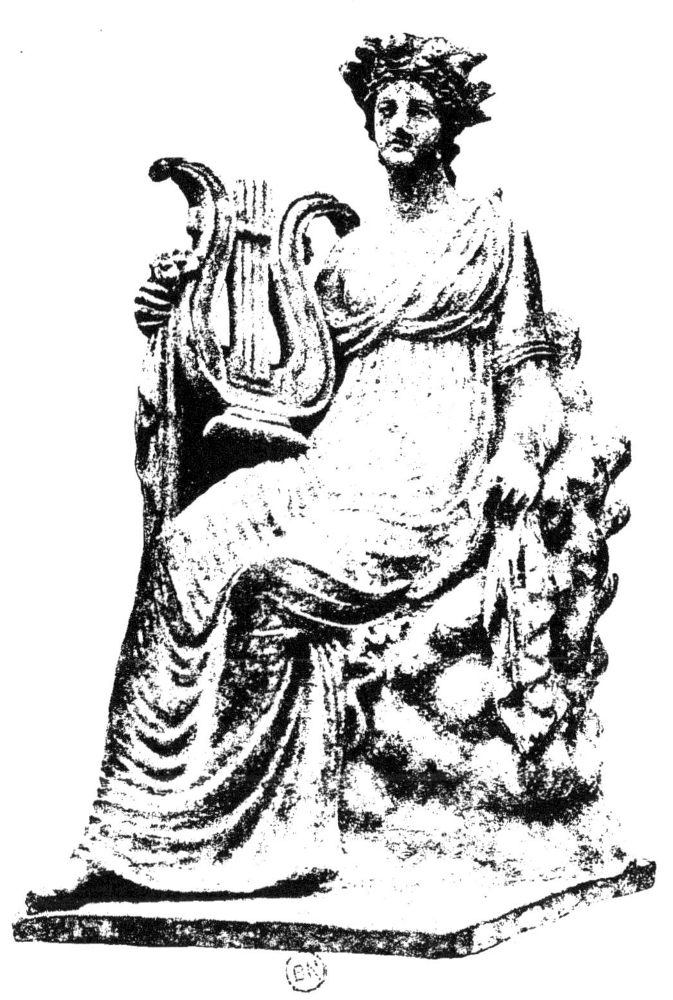

N° 68

Phototypie Larger.

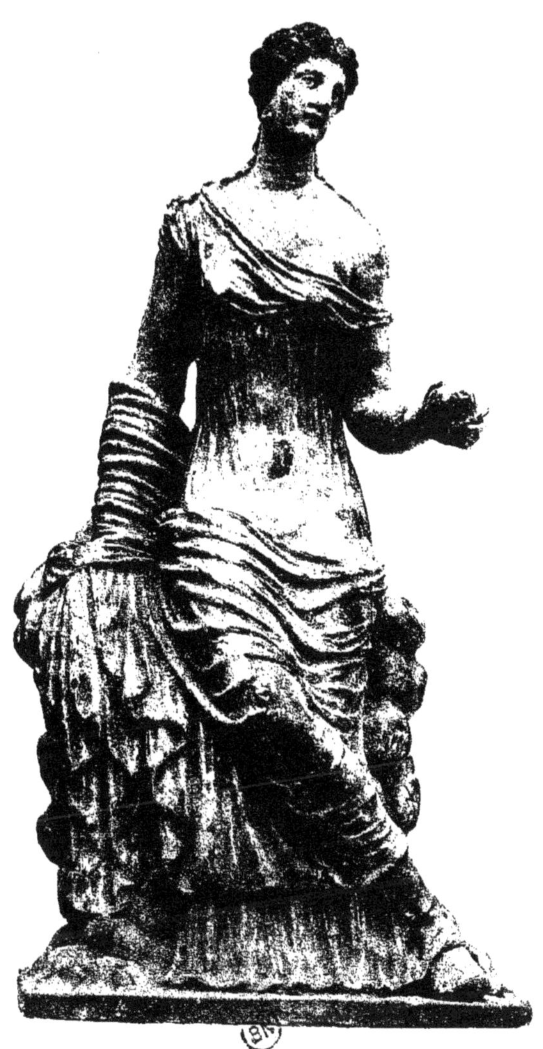

N° 69

Phototypie Larger.

croisent, et ses mains tiennent les deux bouts de l'himation peint en rose tendre. — Beau style et exécution très fine. — Coloration très bien conservée. Le rocher est peint en bleu. Base plate. — H 20 cent.

Voir la phototypie, pl. IV.

69 Femme assise de face sur un rocher et tenant une pomme à la main g. avancée. Sa tête s'incline et se tourne un peu vers la dr. du spectateur, ses cheveux sont frisés en bandeaux parallèles, et les deux bouts de la bandelette qui entoure le chignon descendent sur les épaules. La spallière du chiton glisse le long du bras g., l'himation n'enveloppe que les jambes et l'avant-bras dr. qui s'appuie sur le rocher. Les jambes se croisent. — Beau style. — Coloration usuelle, base plate. — H 23 cent.

Voir la phototypie, pl. V.

IV

ENVOI D'ITALIE

70 Kotyle à couverte brune ; pointillé, feuillage et décor géométrique en relief. — Terre pâle. — D 11 centimètres.

71 Petit cratère avec son couvercle. L'intérieur est bouché par une espèce de patère peinte en rouge, et un petit trou pratiqué au centre de cette patère permet seul d'y verser un liquide. — Traces de dorure. Terre rouge. — H 22 cent.

72 Coupe en verre blanc, ornée d'un collier de guttules bleues. Trouvée en Phénicie. D 122 mill. — Les bords sont ébréchés.

73 Petite coupe en albâtre, avec son couvercle. — Trouvée à Athènes. — H 12 cent.

74 Pierre gravée (cornaline blonde), représentant un vaisseau avec son équipage. Dans le champ, une légende phénicienne.

75 Monnaie orientale en or.

76 Plaque d'ivoire (fragment), ornée d'un dessin en graffite et peint à l'encaustique. Le dessin représente une femme nue et debout à dr., l'himation en écharpe, les bras levés symétriquement ; elle tient un objet ressemblant à une cymbale. Devant elle, les restes d'une autre figure (bras dr. pendant d'un nègre et carquois). Couleurs noire et rouge. — H 85 mill.

77 Plaque d'ivoire, cintrée, avec décor gravé en creux et peint en noir, en rouge et en vert pâle. Sujet : deux masques tragiques, séparés par un arbuste. Bordure de losanges. — L 109 mill.

78 Manche cylindrique en bronze, avec cannelures incisées en spirale. — Belle patine verte. — L 18 centimètres.

79 Anse d'un vase étrusque en bronze. Au sommet, une tête de lion entre deux lions couchés ; dans le bas, une palmette. Ancien style. — Belle patine vert pâle. — H 16 cent.

80 Manche de passoire en bronze. Il se termine par une tête de lion accostée de deux Tritons à la barbe cunéiforme. Art étrusque de la belle époque de l'ancien style. — Même patine. — L (avec le rebord de la passoire) 29 cent.

81 Hygiée, la déesse de la santé ; figurine en bronze. La tête un peu tournée de côté, elle est debout, vêtue d'un chiton talaire et d'un manteau. Sa main g. porte un petit plateau en forme de coquille, et sa main dr. levée tient le serpent. — H 83 mill.

82 Éphèbe étrusque, drapé dans une chlamyde. — Figurine en bronze d'ancien style. — H 92 mill. — Socle en brèche rouge.

83 Jeune homme debout, le bras dr. tendu en avant, l'autre posé sur la hanche. Il est chaussé de bottines de chasse et vêtu d'une chlamyde en laine, qui laisse le devant du corps à découvert. — Base antique à deux degrés. — Bronze. — H 15 cent.

84 Mercure debout, nu-pieds, vêtu d'une chlamyde qui est agrafée sur l'épaule droite. Sa tête se tourne légèrement vers la g. du spectateur, sa main g. tenait le caducée, sa jambe dr. supporte le poids du corps. Le bras dr., qui manque, avait été fondu à part et soudé. — Beau style grec. — H avec la base antique circulaire, 17 cent.

---

85 Grande œnochoé d'ancien style, trouvée en Étrurie. Décor : Bandeaux noirs alternant avec des cercles noirs peints sur une terre rougeâtre. Large collier denticulé. — H 29 cent.

86 Plaque d'ivoire sculptée, représentant un Silène drapé, debout et de face, les jambes croisées. Son bras g. s'accoude sur un cippe, sa main g. tient une coupe, tandis que l'autre, levée au dessus de la tête, tient une fleur. — H 156 mill.

87 Manche plat en bronze, orné de fines incrustations d'argent. — L 12 cent.

88 Balance romaine en bronze. Sur le fléau, l'échelle métrique ponctuée ; à l'une des extrémités, une double chaînette en fils de bronze tressés. Le peson représente un buste d'enfant, sortant d'une feuille d'acanthe. Le plateau est orné de cercles concentriques en relief. — Patine verte. — L 35 centimètres.

V

ENVOI D'ÉGYPTE

TERRES CUITES DE LA BASSE-ÉGYPTE

89 Cinq figurines, imitations de l'ancien style, couvertes d'inscriptions himyaritiques. Trois d'entre elles sont complètes : une joueuse de lyre et deux jeunes gens coiffés de bonnets. — Terre pâle. — H 105 à 177 mill.

90 Deux figurines de style grec : Enfant drapé, portant un petit dauphin. — Fillette drapée, les cheveux noués en krobyle. — Traces de peinture. — H 15 cent.

91 Enfant drapé dans sa chlamyde et coiffé d'un béret. — Base à deux degrés. — H 135 mill.

92 Jeune femme drapée et coiffée d'une sphendoné. — Traces de coloration bleue. — H 136 mill.

93 Petit groupe : Un enfant nu et une fillette drapée, debout côte à côte, tiennent une oie et lui donnent à manger. — Traces de couleur. — H 95 mill.

94 Trois figurines coloriées : Enfant assis de face, drapé et coiffé d'un béret. — Fillette drapée, tenant une

colombe dans sa main g. — Enfant nu, à demi-couché à terre sur sa chlamyde. — H 72 à 102 mill.

95 Enfant assis de face sur un rocher. Il est drapé dans une chlamyde jaune et coiffé d'un béret. — H 108 mill.

96 Trois figurines : Fillette debout et de face, vêtue d'un chiton court et tenant dans ses deux mains un diptyque ouvert. — Fillette drapée, tenant un oiseau. — Enfant nu, à demi-couché, accoudé sur un oreiller et caressé par un petit chien maltais. — Coloration usuelle. — H 52 à 125 mill.

97 Fragment d'un groupe décrit dans Suétone, *vie de Tibère*, ch. 44, comme ayant fourni la motif d'un tableau de Parrhasius. — H 114 mill.

98 Enfant nu, dans l'attitude de la marche, la tête levée et couronnée de korymbes. Fragment d'une figurine de beau style grec. — Traces de peinture. — H 115 mill.

99 Buste de Jupiter Serapis, le modius orné de branches d'olivier. — Terre pâle. — H 92 mill.

100 Le porc éleusinien ; jouet d'enfant. — H 46 mill.

101 Modèle d'un pied de ciste. Une patte d'aigle supporte une feuille d'acanthe, d'où émerge une figure de Silène, à mi-corps, les mains posées sur les hanches. — H 97 mill.

102 Deux autres, avec des bustes de sphinx femelles coiffés du klaft égyptien. — H 83 et 60 mill.

103 Masque scénique, imberbe et souriant, couronné d'une ténie frontale, d'une grosse torsade et de feuilles de lierre. — Traces de coloration. — H 7 cent. — Trou à suspension.

104 Deux petites têtes de femmes, un masque scénique et le masque d'un dieu égyptien (Horus adolescent).

105 Petit masque scénique de Silène, de beau style grec. — Ton de chair. — H 5 cent.

106 Tête d'Éthiopien, d'un modelé très remarquable. — Terre brune. — H 42 mill.

107 Tête de jeune femme, les cheveux frisés en dix bandeaux. Style des figurines de Tanagra. — Terre brune. — H 45 mill.

108 Moule d'une amulette égyptienne (l'œil *oudja*). — Terre rouge. — L 36 mill.

109 Tête de femme (fragm. de figurine), parée de pendants d'oreilles, la chevelure de dimensions énormes, tressée en nattes et ramenée vers l'occiput. — H 58 mill.

110 Quatre têtes de femmes, dont l'une parée d'un diadème ciselé et orné d'un mascaron. Oreilles percées, chevelure abondante et frisée de différentes façons. — Terre brune et rouge. — H 80 à 105 mill.

111 Porc de sacrifice, orné d'une ténie dorsale. — Terre brune engobée. — H 92 mill.

112 Jeune fille drapée, tenant à la main g. un chasse-mouches formé de quatre feuilles lancéolées. — Coloration rouge et bleue. H 16 cent.

113 Enfant, debout et de face, les jambes croisées. Sa main dr. tient une syrinx; son bras g. entoure un flambeau, surmonté de deux petites cornes d'abondance. — Terre brune. — H 16 cent.

114 Femme couronnée de feuilles et appuyée contre un cippe. Elle a la poitrine nue, les jambes croisées, le bras g. posé sur la hanche. — Terre pâle. — H 172 mill. — Base plate.

115 Priape barbu, le buste drapé, les pieds chaussés de brodequins. — Coloration rouge et verte. — H 18 cent.

116 Jeune femme, vêtue d'un chiton qu'elle relève de la main g. Il semble qu'elle porte des fruits dans le pan du chiton. A sa droite, un cippe. — Terre brune. — H 196 mill.

117 Déesse-mère, accroupie de face sur une lampe à deux becs. Elle n'a pour vêtement que des manches; ses coudes s'appuyent sur les genoux, sa main dr. tient un fruit, l'autre un vase. Cheveux bouclés, pendants d'oreilles, couronne de fleurs très épaisse. — Terre rouge. — H 14 cent.

118 Amour nu, portant au bras g. le casque de Mars et à la main dr. abaissée un bouclier godronné. — Terre pâle. — H 19 cent. — Œillet à suspension.

119 Horus enfant, assis à terre (à dr.) et tenant un grand vase dont il soulève le couvercle. Il est coiffé d'une grosse couronne de fleurs ; sa chlamyde laisse à découvert le buste et les jambes. — Terre brune. — H 16 cent.

120 Adolescent debout, donnant à manger à une oie qu'il tient dans la main g. Tête penchée, chlamyde ouverte sur le devant. — Coloration usuelle. — H 17 cent.

121 Lanterne représentant un temple à coupole, accosté de deux flambeaux. Sur le devant, un masque de Minerve casquée. — Terre rouge. — H 117 mill.

122 Lanterne. — Même forme; sur le devant, une figurine de Mars assis. Le dieu de la guerre est nu, casqué, armé d'une lance et d'une épée. — Terre rouge. — H 13 cent.

123 Joueuse de tambourin, debout devant une grande amphore à vin placée dans son reposoir. Elle porte le costume d'Isis, et sa tête est ceinte d'une épaisse couronne de fleurs. — Terre rouge. — H 228 mill.

124 Déesse-mère, nue et debout, les jambes serrées l'une contre l'autre, les bras abaissés symétriquement

et collés au corps. Autour de sa tête, un assemblage de couronnes et de ténies qui forment un disque d'énorme dimension. Périscélides, bracelets et armilles. — Terre brune. — H 40 cent.

125 Déesse jeune, sans draperie, dans la même attitude que la figurine précédente. Cheveux bouclés retombant sur la poitrine ; tête coiffée d'un kalathos très élevé et orné de feuilles. — Terre brune engobée. — H 44 cent.

126 Variante du même sujet. Déesse jeune, vêtue d'un chiton à manches courtes, mais les jambes à découvert. Cheveux calamistrés, tête ceinte d'une épaisse couronne de fleurs, le kalathos brisé. — Terre pâle. — H 38 cent.

127 Petite situle formée de deux masques : l'un d'un Satyre adolescent, à oreilles humaines, le front ceint de lierre ; l'autre d'une Bacchante couronnée de lierre et de korymbes. — Traces de coloration. — H 8 cent.

128 Lampe façonnée en masque scénique de Silène. Dessous, trois palmes en graffite. — Terre pâle coloriée en rouge. — L 8 cent.

129 Lampe ayant la forme d'un masque de Bacchante, couronnée de lierre et d'une ténie frontale. — Terre brune coloriée en rouge. — L 107 mill.

130 Lampe représentant un combat de deux gladiateurs. Au revers, la marque du fabricant: FLORENI. — Terre pâle. — D 96 mill.

131 Eulogie chrétienne. — Gourde plate; à l'avers, une couronne de feuilles; au revers, une légende grecque en trois lignes séparées par des barres horizontales en relief: ΤΟΥ ΑΓΙΟΥ ΜΗΝ (rétrograde) |Α (τοῦ ἁγίου Μηνᾶ) et quelques ornements. — L'une des anses manque. — D 65 mill.

MATIÈRES DIVERSES

132 Deux figurines funéraires égyptiennes (*ushapti*) en terre émaillée d'un beau bleu lapis lazuli. Les hiéroglyphes, le klaft, les fléaux, etc. sont peints en noir. — H 158 et 115 mill.

133 Flacon en verre blanc irisé. Panse cylindrique à côtes strigilées, goulot en entonnoir. — H 134 mill.

134 Masque grotesque de vieille femme, en plâtre peint en rose. Au revers, une oreillette. — H 5 cent.

135 Fragment d'une petite stèle en calcaire. Déesse-mère, debout et de face, sans draperie, les jambes assemblées, le bras dr. pendant le long du corps, l'autre replié sur la poitrine et soutenant les mamelles. Imitation barbare de l'ancien style. Un graffite phénicien au revers. — H 108 mill.

136 Horus sur les crocodiles; au-dessus de sa tête, un masque du dieu Bes. Légendes hiéroglyphiques au revers et sur toutes les tranches. — Basalte. — H 8 cent.

137 Coiffure *atef* en schiste. — H 4 cent.

138 Museau de bélier, en porphyre rouge d'un beau brillant. — Fragment de statue. — L 6 cent.

139 Poisson sacré en bronze (style égytien). — L 118 millimètres.

140 Bachus jeune, debout et les jambes croisées, le bras dr. replié au dessus de la tête; à ses pieds, une panthère. — Fragment d'un bas-relief en ivoire. — H 11 cent.

141 Naos égyptien en bois peint, avec sa base et son couvercle intacts. L'un des petits côtés représente une porte surmontée du disque ailé, les trois autres faces sont ornées de figurines et de symboles. Coloration très fraîche. — H 32 cent.

142 Naos égyptien en bois peint. Les deux faces latérales, plus élevées que les autres, protégent un couvercle mobile, dont le dessus est légèrement cintré. Sur le devant, deux figurines assises à gauche : une femme et un jeune homme tenant une fleur de lotus. Légende hiéroglyphique. Sur les autres faces, des dessins polychromes simulant des portes.

La base est remplacée par deux pièces de bois peintes en rouge et dont l'extrémité antérieure se recourbe. Deux boutons, de bois colorié en noir, sont fixés, l'un sur le couvercle, l'autre sur le devant de la boîte. — Beau style et conservation parfaite. — H 33 cent.

143 Un petit sac tressé en cordes de papyrus. — H 9 centimètres.

144 Tête de jeune homme, couronnée d'une ténie. — Fragment d'un haut-relief en marbre de Paros. — Patine noire. — H 21 cent.

145 Tête de jeune fille aux cheveux épars et ceints d'une bandelette. Sous le cou, la légende grecque : **MNHMH** (*souvenir*). — Marbre blanc. — H 24 centimètres.

VI

ENVOI DE PHÉNICIE

TERRES CUITES

La plupart de ces terres cuites sont de facture primitive et présentent un intérêt scientifique considérable. Leur provenance nous aide à classer et à déterminer les figurines chypriotes du plus ancien style.

146 Quatre-vingt quatre têtes de figurines, dont beaucoup sont modelées à la main et ornées de pastil-

lages. Types très variés, les uns à physionomie d'oiseau, d'autres à crâne triangulaire etc. Parmi les coiffures, on rencontre la mitre, le voile, le pschent et le klaft égyptiens, le kalathos et le casque.

147 Trente-quatre têtes de cheval bridées, du même style.

148 Dix-sept figurines et fragments, dont plusieurs de facture très rudimentaire : Déesse façonnée en terme ; joueur de double flûte ; femme portant un enfant ; le dieu Bes ; personnage assis, tenant un quadrupède ; déesse-mère assise, coiffée du klaft, la main dr. ramenée sur la poitrine, etc.

149 Osiris assis, coiffé du pschent, la barbe cunéiforme. — Une figurine complète et quatre fragments.

150 Lion couché sur une base. — L 24 cent.

151 Le dieu Bes, coiffé d'un kalathos. — H 21 cent.

152 Porc couché. — Deux têtes de taureau. — Un masque de lion.

153 Un grand lot de figurines et de têtes de style primitif, représentant les mêmes types que les nos précédents.

154 Neuf masques, dont deux grotesques.

155 Deux œufs votifs, munis chacun d'un œillet à suspension. — Une petite lampe, très ancienne de facture, la cuvette ouverte et le rebord plissé.

156 Quatre figurines grecques : Vénus ; enfant drapé ; un enfant nu et une fillette (groupe) ; Silène kriophore d'ancien style.

157 Lampes. — Buste de Pan à g., le pedum sur l'épaule (deux exempl.). — Trophée d'armes. — Lapin mangeant une grappe de raisin.

158 Lampe. — Sujet érotique.

159 Deux lampes chrétiennes. — Palmier ; quatre colombes en relief sur le bord de la cuvette.

160 Un grand lot de lampes à sujets variés.

MARBRES

161 Tête de panthère en marbre blanc.

162 Masque imberbe en marbre blanc.

163 Quarante stèles funéraires en marbre blanc, portant des inscriptions grecques. Elles se composent toutes d'un socle quadrangulaire surmonté d'un cippe arrondi dont le sommet est entouré d'une couronne de feuilles. Au milieu de chaque couronne on distingue un ornement simulant un bijou. Les inscriptions nous font connaître le nom et

souvent l'âge du défunt; elles sont formulées de la façon suivante : Ἑρμογένη χρηστὲ καὶ ἄλυπε χαῖρε, ou Ἰουλίττα χρηστὴ καὶ ἄωρε χαῖρε, ζήσασα ἔτη θ'. — Haut. de 20 à 40 cent.

164 Dalle de marbre blanc, portant une inscription grecque métrique (IIIe siècle de notre ère) :

Σῆμα Διογνήτου τόδ' ἐείδεται οὗ βίος ἔσκεν
ἐν βίβλοισι σοφῶν, τέρπετο δ' ἔνθα μένων,
οὕνεκα δώματ' ἔτευξε τά τ' ὕψου καὶ ὑπένερθε,
ὕψου μὲν ζώοις, νέρθε δὲ τοῖς ἐνέροις.

Il s'agit d'un de ces mausolées de Syrie qui servaient à la fois de tombeau et de colombier. — Haut. 22 cent. L 45 cent.

165 Quatorze fragments d'inscriptions grecques en marbre blanc.

MÉDAILLES GRECQUES

*Collection de M. Charles T****

166 **Marseille.** Tête d'Apollon à g. ℞ Roue à quatre rais, cantonnée des lettres **MA**. — Argent, 5 p.

167 **Tarente.** Taras assis à g. sur un dauphin, une quenouille au bras g., un canthare à la main dr. avancée. **TARAΣ.** Dans le champ, un coq.

MÉDAILLES GRECQUES

Pl. VI.

169 Or

168 Ar.

181 Or

167 Ar.

178 Ar.

167 Ar.

190 Or

191 Ar.

190 Or

198 Ar.

199 Ar.

198 Ar.

209 Ar.

A. Sulpis sc.

℞ Jeune cavalier à g., tenant une couronne. ΦΙΛΩΤΑΣ. Dans le champ, ΔΙ. — Arg. 5

Voir la gravure pl. VI.

168 **Métaponte.** Tête barbue et casquée; derrière, une tête de lion. ℞ Épi de blé et massue. **META** et **MI**. — Arg. 5

Voir la gravure pl. VI.

169 **Agrigente.** Aigle perché sur un rocher et dévorant un serpent. **AKPA.** ℞ Crabe. **ΣΙΛΑΝΟΣ**, les trois dernières lettres rétrogrades. — Or 2 Deux pièces à fleur de coin.

Voir la gravure pl. VI.

170 **Catane.** Tête de Silène d'ancien style. ℞ **KATA**.. Foudre ailé. — Arg. 2

171 Tête laurée d'Apollon. **KATANAION.** ℞ Aurige conduisant un bige au pas. — Arg. 8

172 Double tête barbue et trois monogrammes. ℞ **KA-TANAIΩN.** ℞ Koré tenant un flambeau et des épis. — Br. 7

173 **Leontini.** Tête laurée d'Apollon. ℞ **ΛEON** autour d'un grain d'orge. — Arg. 2

174 Tête laurée d'Apollon. ℞ **ΛEONTINON.** Tête de lion entre quatre grains d'orge. — Arg. 7

175 **Messana-Zanclé.** Dauphin à g. dans un port circulaire. DANKΛE. ℞ Coquille dans un carré creux à ailes de moulin. — Arg. [6]

176 **Messana.** Lièvre courant; dessous, un dauphin. ΜΕΣΣΑΝΙΩΝ. ℞ Aurige conduisant un char au pas à g. Une Victoire le couronne. Exergue: deux dauphins affrontés. — Arg. [7]

177 **Naxos.** Tête de Bacchus barbu. ℞ Silène assis de face. — Arg. [4]

178 **Palerme.** Tête d'Aréthuse, de beau style, couronnée de roseaux et entourée de quatre dauphins. ℞ Palmier et cheval courant. — Arg. [8]

Voir la gravure pl. VI.

179 **Sélinonte.** Hercule arrêtant un taureau. ℞ Adolescent (le fleuve Hypsas) sacrifiant sur un autel. — Arg. [6]

180 **Syracuse.** Tête d'Hercule jeune à g. ΣΥΡΑ. ℞ Tête de femme à g. dans un carré creux. ΣΥΡΑ. — Or [2] Deux pièces.

181 Tête de Pallas à g. ΣVPA. ℞ Masque de Méduse. — Or [1] Deux pièces.

Voir la gravure pl. VI.

182 Tête de femme d'ancien style, entourée de quatre dauphins. ΣVRAKOΣION. ℞ Quadrige au pas, couronné par une Victoire. — Arg. [7]

183 Tête de femme, de style archaïsant, entre quatre dauphins. ≶VPAKO≶IO. ℞ Le même. — Arg. 7

184 Même avers, de style sévère. ≶ΥPAKO≶ION. ℞ Char couronné par la Victoire. — Arg. 7

185 Tête de Pallas à g. ℞ ΣΥPAKOΣIΩN. Diane debout à g. et tirant de l'arc; près d'elle, un chien de chasse courant. Différents : ΥA et Σ. — Arg. 6

186 **Tauromenium**. Tête laurée d'Apollon; derrière, une étoile. ℞ TAΥPOMENITAN. Trépied. — Arg. 4

187 **Hiéron** II, roi de Sicile (275-216). Tête du roi à g. ℞ Cavalier. — Br. 7 Deux pièces.

188 **Philistis**. Tête voilée à g. ℞ BA≶IΛI≶≶A≶ ΦIΛI≶TIΔO≶. Victoire conduisant un quadrige au galop. — Arg. 7

189 Même avers. ℞ Victoire conduisant un quadrige au pas. Dessus, une étoile. Même légende. — Arg. 8

190 **Lysimaque**, roi de Thrace (323-282). Tête du roi, la tempe munie d'une corne de bélier. ℞ Minerve assise à g. et tenant une petite Victoire. BA≶IΛEΩ≶ ΛΥ≶IMAXOΥ. — Or 4

Voir la gravure pl. VI.

191 Tétradrachme au même type, avec deux monogrammes au revers. — Arg. 8 Trois pièces.

Voir la gravure pl. VI.

92 Tétradrachme, fr. sur un flanc plus large (style des pièces d'Odessus). ℞ Le même, avec un trident en exergue. — Arg. 10

193 **Chalcis.** Tête laurée d'Apollon, d'ancien style. ℞ ΧΑΛΚΙΔΕΩΝ. Lyre. — Arg. 3

194 Même tête, à g. ℞ Lyre et légende dans un carré creux. — Arg. 3

195 **Neapolis** (Macédoine). Masque de Méduse, d'ancien style. ℞ Carré creux. — Arg. 4

196 **Macédoine.** Tête imberbe aux cheveux bouclés. ΜΑΚΕΔΟΝΩΝ. ℞ Dans une couronne de laurier : une cassette, une massue et un siège de questeur. AESILLAS Q. — Arg. 8 Deux pièces.

197 **Philippe II,** roi de Macédoine (359-36). Tête laurée d'Apollon. ℞ ΦΙΛΙΠΠΟΥ. Bige au galop. — Or 5

198 Tête laurée de Jupiter. ℞ Même légende. Cavalier ; devant, une double tête de Sarapis. — Arg. 7

Voir la gravure pl. VI.

199 **Alexandre-le-Grand** (336-323). Tête du roi, coiffée d'une peau de lion. ℞ Jupiter aëtophore assis à g. sur un trône. ΑΛΕΞΑΝΔΡΟΥ. Trident dans le champ. — Arg. 8

Voir la gravure pl. VI.

200 Mêmes types et lég. ℞ Jupiter assis sur un siège sans dossier. Différent, un flambeau. — Arg. [7]

201 Même types et lég. Différent, un soc de charrue. — Arg. [8]

202 Tétradrachme, frappé en Thrace. ℞ ΒΑΣΙΛΕΩΣ ΑΛΕΞΑΝΔΡΟΥ. Dans le champ, un casque. — Arg. [9]

203 Tétradrachme de la même fabrique. ℞ Les lettres ΘΕ et un monogramme. — Arg. [9]

204 Mêmes types. ℞ ΑΛΕΞΑΝΔΡΟΥ et une protome de Pégase. — Arg. [4]

205 **Philippe** V (220-178). Tête diadémée du roi. ℞ Dans une couronne de chêne, ΒΑΣΙΛΕΩΣ ΦΙΛΙΠΠΟΥ et une massue. — Arg. [5]

206 **Thessalie.** Tête laurée de Jupiter. ℞ Pallas combattant. ΘΕΣΣΑΛΩΝ et deux noms de magistrats. — Arg. [6]

207 **Leucas.** Tête de Pallas à g. Λ et un caducée. ℞ Λ et un Pégase à g. — Arg. [6]

208 **Athènes.** Tête de Pallas, d'ancien style. ℞ ΑΘΕ, chouette et branche d'olivier dans un carré creux. — Arg. [6] Deux pièces.

209 Tête de Pallas, avec un Pégase ciselé sur le casque. ℞ ΑΘΕ. Chouette sur une amphore qui porte la

marque E. Noms de magistrats: ΞΕΝΟΚΛΗΣ et ΑΡΜΟΞΕΝΟΣ. Dauphin dans le champ. — Arg. [8]
Voir la gravure pl. VI.

210 **Égine.** Tortue de mer. ℞ Carré creux, divisé en cinq compartiments. — Arg. [5]

211 **Corinthe.** Tête de Pallas à g. ℞ Pégase à g. Symboles variés. — Arg. [5] Deux pièces.

212 Tête de Pallas à droite; fer de trident et dauphin. ℞ Pégase à dr. — Arg. [5]

213 Tête de femme à g., coiffée d'un bonnet. ℞ Pégase à g. — Arg. [3]

214 **Sinope.** Tête de femme à g. ℞ Aigle pêcheur sur un thon. [Σ]ΙΝ. — Arg. [4]

215 **Cius.** Tête laurée d'Apollon. ℞ ΗΓΕΣΤΡΑΤΟΣ. Proue de vaisseau. — Arg. [4]

216 **Cyzique.** Tête de lion, la gueule béante. ℞ Carré creux à deux compartiments. — Hekta en or.

217 **Parium.** Masque de Méduse. ℞ Taureau à g., retournant la tête. ΓΑΡΙ. Différents: étoile et rameau. — Arg. [2] Deux pièces.

218 **Éphèse.** Buste drapé de Diane, de beau style, le carquois sur l'épaule. ℞ ΕΦ. Protome d'un cerf couché. ΝΙΚΙΑΣ. — Arg. [5]

219 Mêmes lég. et types. ΓΡΥΛΙΣ.

220 **Milet.** Tête de lion à g., d'ancien style. ℞ Étoile dans un carré creux. — Arg. 1

221 **Cnide.** Tête de lion, la gueule ouverte. ℞ Tête de femme, d'ancien style, dans un carré creux. — Arg. 4

222 **Ariarathe IV,** roi de Cappadoce (220-163). Tête du roi. ℞ ΒΑΣΙΛΕΩΣ ΑΡΙΑΡΑΘΟΥ ΕΥΣΕΒΟΥΣ. Pallas nicéphore à g. Date, Λ. — Arg. 5

223 Deux drachmes au même type, portant la date ΓΛ.

224 **Ariarathe VII** Philometor (112-100). Tête du roi. ℞ Même type, avec Β. Α. ΦΙΛΟΜΗΤΟΡΟΣ. Date, Η. — Arg. 4

225 **Ariarathe,** fils de Mithridate (100). Tète du roi. ℞ Même type. Β. Α. ΕΥΣΕΒΟΥΣ. Date, ΙΒ. — Arg. 4

226 **Ariobarzane Ier** (96-93). Tête du roi. ℞ Même type. Β. ΑΡΙΟΒΑΡΣΑΝΟΥ (sic) ΦΙΛΟΡΩΜΑΙΟΥ. Date, ΙΓ. — Arg. 4

227 **Antiochus VI,** roi de Syrie (145-142). Tête radiée du roi. ℞ Apollon assis. — Arg. 4 Deux pièces.

228 **Philippe,** roi de Syrie (92-83). Tête du roi. ℞ Jupiter assis. — Tétradrachme. Arg. 7

229 **Aradus.** Abeille. ℞ **ΑΡΑΔΙΩΝ.** Cerf près d'un palmier. — Arg. [4]

230 **Palmyre.** Tessère quadrilatère en terre cuite. Deux divinités assises sur une kliné. ℞ Autel entre deux personnages debout et se donnant la main.

231 **Alexandre Aegus.** Tête imberbe, coiffée d'une peau d'éléphant. ℞ Pallas combattant. **ΑΛΕΞΑΝΔΡΟΥ.** Aigle, casque et monogramme. — Tétradrachme. Arg. [8]

232 **Ptolémée XI** (107-88). Tête du roi. ℞ Aigle. Date, **K**. Différent, **ΠΑ**. — Arg. [7]

233 Un lot de 27 monnaies grecques en argent.

234 Un lot de monnaies grecques en bronze.

MÉDAILLES ROMAINES

ET IMPÉRIALES GRECQUES

235 **Cassia.** C·CASSI·IMP. Tête voilée de la LEIBERTAS. ℞ Aiguière et lituus. LENTVLVS SPINT. — Arg. Cohen, 15.

236 **Clodia.** Tête laurée d'Apollon; derrière, une lyre. ℞ P·CLODIVS·M·F. Diane tenant deux flambeaux. — Arg. Cohen, 6.

237 **Cornelia.** Aiguière et lituus. LENTVLVS SPINT. ℞ Hache, simpule et couteau. BRVTVS. — Arg. Cohen, 26.

238 **Julia.** Tête nue d'Auguste. ℞ CAESAR DIVI·F. Victoire à dr. sur un globe. — Arg. *Variété* de Cohen, 40.

239 Tête d'Auguste; derrière, le lituus. CAESAR COS·VI. ℞ Crocodile. AEGVPTO CAPTA. — Arg. Cohen, 51.

240 **Nasidia.** Tête de Pompée; devant, un trident. NEPTVNI, dauphin. ℞ Navire à la voile; dessus, une étoile. Q·NASIDIVS. — Arg. Cohen, 1.

241 **Vinicia.** Tête nue d'Auguste. AVGVSTVS TR·POT·VII. ℞ L·VINICIVS·L·F·III VIR autour d'un cippe portant l'inscription S·P·Q·R· IMP·CAE· QVOD·V·M·S·EX·EA·P·Q·IS·AD·A·DE. — Arg. Cohen, 3.

242 **Auguste.** Tête diadémée d'Auguste. IMP·CAESAR·DIVI·F·COS·VI·LIBERTATIS·P·R·VINDEX. ℞ Dans une couronne de laurier, la Paix tenant un caducée. PAX et la ciste mystique. — Médaillon d'arg. frappé en Asie.

243 Tête nue d'Auguste. IMP·CAESAR. ℞ Sphinx assis. AVGVSTVS. — Médaillon d'arg. frappé en Asie.

244 **Auguste et Rhœmétalcès,** roi de Thrace. ΚΑΙΣΑΡΟΣ ΣΕΒΑΣΤΟΥ. Tête nue d'Auguste. ℞ ΒΑΣΙΛΕΩΣ ΡΟΙΜΗΤΑΛΚΟΥ. Tête diadémée du roi. — PBr.

245 **Claude.** ΤΙ·ΚΛΑΥΔΙΟΣ·ΚΑΙΣΑΡ·ΣΕΒΑΣΤΟΣ·ΓΕΡΜΑΝΙΚΟΣ. Tête à g. ℞ Α·ΜΙΝΑΙΟΣ·ΒΑΛΒΟΣ·ΑΝΘΥΠΑΤΟΣ. Monogramme. —PBr.

246 **Néron.** NERO·CLAVD·DIVI·CLAVD·F· CAESAR·AVG·GERMANI. Tête laurée. ℞ Victoire assise sur un globe. — Quinaire d'arg. Cohen, 69.

247 **Trajan.** [Α]ΥΤ·ΝΕΡ·ΤΡΑΙΑΝΟΣ·ΚΑΙΣΑΡ·ΣΕΒΑΣ[ΤΟΣ]. Tête laurée. ℞ ΚΟΙΝΟΝ ΓΑΛΑ[ΤΙΑ]Σ ΕΠΙ ΠΟΝΠΩΝΙΟΥ ΒΑΣΣΟΥ. Temple à six colonnes. — GBr.

248 **Hadrien.** Tête laurée. ΑΔΡΙΑΝΟϹ ϹЄΒΑϹΤΟϹ. ℞ Massue. ΥΠΑΤΟϹ Γ etc. — Petit médaillon, fr. à Césarée de Cappadoce. — Arg. 5

249 **Septime-Sévère.** Tête radiée. ΑΥ ΚΑ ϹЄ ϹЄΥΗΡΟϹ ΠЄΡΤЄ ϹЄ. ℞ Temple à six colonnes. ΠΡΟΥϹΑЄΩΝ. — Br. 8 fr. à Prusa de Bithynie.

250 **Caracalla.** Buste lauré. ℞ ΑΜΟΡΙΑΝΩΝ. Hercule devant l'arbre des Hespérides. — Br. 10 fr. à Amorium de Phrygie.

251 **Geta.** Buste lauré. ℞ COL CAES ANTIOCH. Le dieu Lunus debout. — Br 9 fr. à Antioche de Pisidie.

252 Buste jeune, drapé. Λ CЄΠΤΙ ΓЄΤΑC Κ. ℞ CЄΒΑ. Temple à trois nefs. ΗΡΑΚΛЄΟ ЄΤ ΗC. — Br. 8 fr. à Héraclée d'Ionie.

253 **Macrin.** Buste diadémé. ℞ ΤΑΡCΟΥ ΜΗΤΡ. Femme tourelée assise. — Br. 5 fr. à Tarse.

254 **Gordien III.** Buste lauré. ℞ COL CAES ANTIOCH. Louve allaitant les Jumeaux. — Br. 10 fr. à Antioche de Pisidie.

255 Buste lauré. ℞ Sarapis couché. — Br. 7 fr. à Sinope.

256 **Valérien, Gallien et Valérien jeune.** Trois bustes. ΑΥΤ ΟΥΑΛΕΡΙΑΝΟC. ΓΑΛΛΙΗΝΟC. ΟΥΑΛΕΡΙΑΝΟC ΚΑΙ. ℞ Trois urnes des jeux, avec des palmes. ΜΕΓΙCΤ[ΩΝ] ΑΡΙCΤΩΝ ΝΙΚΑΙΕΩΝ. — Br. 6 fr. à Nicée.

257 Un lot de monnaies romaines en argent et en billon (57 pièces), consulaires et impériales.

MONNAIES FRANÇAISES

ET ÉTRANGÈRES

258 **Jean-le-Bon** (1350-64). Franc-à-cheval, en or. Hoffmann, *Monn. royales*, pl. XIX, 10. — Deux pièces.

Ces monnaies, ainsi que les deux nos suivants, viennent de la trouvaille de la Rue Vieille-du-Temple.

259 **Charles V** (1364-80). Franc-à-pied, en or. H pl. XXIV, 2. — Six pièces.

260 **Charles VI** (1380-1422). Écu d'or. — H pl. XXV, 1.

261 **Louis XIV.** Louis d'or, 1652, fr. à Paris. — H pl. XCII, 22.

262 **Jeanne et Charles Ier, rois d'Espagne** (1516-55). Écu d'or.

263 **Philippe II,** roi d'Espagne (1556-98). Double écu d'or.

264 **Jean-Gaston Ier**, duc d'Étrurie. Florin d'or, 1729.

265 **Pierre Grimani,** doge de Venise. Sequin d'or.

266 Un lot de monnaies d'argent françaises (royales et baronales) et étrangères.

267 Un lot de jetons français, argent et cuivre.

268 Un petit médaillier en acajou, à 11 tiroirs en bois sculpté, la porte à coulisse. Ornements et poignées en bronze doré et aux armes du pape Pie VI Braschi. — Hauteur et prof., 30 cent. Long. 41 cent.

269 Un lot de médailles diverses; or, argent et bronze.

270 Un lot de cartons et de tiroirs.

Strasbourg, typ. G. Fischbach. — 937.

www.ingramcontent.com/pod-product-compliance
Ingram Content Group UK Ltd.
Pitfield, Milton Keynes, MK11 3LW, UK
UKHW020436180726
13839UKWH00004B/1524

9 782329 499901